अकेले सपने

परवाज़

सुमीत कुमार

सुमीत कुमार

सुमीत कुमार, एक वयस्क जो जीवन के कई चरणों का अनुभव करता है, एक प्रसिद्ध लेखक और नए युग के लेखक हैं। वास्तव में वह एक लेखक होने के साथ-साथ गायक, कवि, शायर, उद्धरण लेखक, गीत लेखक और एक कलाकार भी हैं। एंकर या स्टैंडअप कॉमेडियन। उनके बारे में बहुत ही रोचक और दिलचस्प तथ्य यह है कि वे नए युग के लेखक हैं यानी उन्होंने अपने लेखन की यात्रा उस उम्र में शुरू की जब वह अध्ययन करने के लिए स्कूलों जा रहे थे। उनकी 100 पुस्तकों की स्ट्रीक महान होगी भविष्य में उनके लिए उपलब्धि, उनकी कुछ प्रसिद्ध रचनाएँ यानी प्रेम की परिपक्वता (शैली _प्रेम) स्वप्न की गोपनीयता (शैली-मध्य वर्ग की जीवन शैली)।

आप नोटियन प्रेस, अबे बुक्स, इम्युजिक इन, फ्लिपकार्ट, एमेजॉन, किंडल, इंस्टेंट रीड लाइक ईबुक, किंडल, गूगल, इंटरनेशनल साइट्स और कई अन्य से भी उनकी किताब खरीद सकते हैं।

स्पॉटिफ़ पर पॉडकास्ट: @ ब्रोकन हार्ट

इंस्टा आईडी: बुकहब92

जीमेल: सुमितकुमार 88234

लिंक्डइन: सुमीत कुमार

क्रम-सूची

प्रस्तावना

अगर आप कुछ भूल गए हैं तो आप उसे फिर से सीख सकते हैं लेकिन अगर आपने कुछ खो दिया है तो आप उसे ढूंढ नहीं सकते। प्राइवेसी फॉर द ड्रीम का मतलब तो आपको समझ में तो आ ही गया होगा ना की इसका मतलब क्या है। हम ये जाते हैं की हमारे सपने क्या होते हैं, मन तो बहुत करता है उन सपनों को पूरा करने का, लेकिन हलत ऐसे बन जाते हैं उस वक्त की हमलोग को उस वक्त एक बहाना मिल जाता है हम। मैं उड़ना तो चाहता हूं लेकिन मेरे पास वो उम्मेद है ही नहीं जिसे देखकर आगे बढ़ सकता है। हर दिन हम बश ये सोचते हैं की आज नहीं कल बदलेगा लेकिन वो वक्त बदलने का नाम ही नहीं लेता, क्यों वक्त के साथ हलत सुधारने की जग और बिगर जाते हैं। तो ये कोई कहानी नहीं है किशी एक इंसान की, लेकिन ये सब सुनने के बाद महसूश होगा की कहीं कहीं न हम सबसे ये बात और ये हलत मैच करते हैं। तो ये कहानी एक आइश लड़के की है जो हर दिन कोशिश तो करता था कि वो आपके हाल से निकलाने की कोशीश करेगा लेकिन उसके सामने कोई सामने आएगा वह क्या वो हर मान लेता था लेकिन एक खास थी उसमे की वो हमें वक्त तो हार मान लेता था, लेकिन आगे वह वक्त सब कुछ भूलने की कोशिश करता और फिर से अपने सपनों की उड़ान के लिए जनता था की उसके सपने शुद्ध नहीं होंगे फिर भी कोशिश करना उसकी वक्त के साथ एक आदत बन गई। वो टूटा तो हर दिन था लेकिन खुद को जोर्न की कोशिश अगले दिन फिर करता था .. इतना इंतजार क्यों करे चलते हैं उसमें रह पे और उसकी ईश आत्मकथा को समझौता है....

सुमीत कुमार

भूमिका

सुमीत कुमार

सुमीत कुमार, एक वयस्क जो जीवन के कई चरणों का अनुभव करता है, एक प्रसिद्ध लेखक और नए युग के लेखक हैं। वास्तव में वह एक लेखक होने के साथ-साथ गायक, कवि, शायर, उद्धरण लेखक, गीत लेखक और एक कलाकार भी हैं। एंकर या स्टैंडअप कॉमेडियन। उनके बारे में बहुत ही रोचक और दिलचस्प तथ्य यह है कि वे नए युग के लेखक हैं यानी उन्होंने अपने लेखन की यात्रा उस उम्र में शुरू की जब वह अध्ययन करने के लिए स्कूलों जा रहे थे। उनकी 100 पुस्तकों की स्ट्रीक महान होगी भविष्य में उनके लिए उपलब्धि, उनकी कुछ प्रसिद्ध रचनाएँ यानी प्रेम की परिपक्वता (शैली _प्रेम) स्वप्न की गोपनीयता (शैली-मध्य वर्ग की जीवन शैली)।

आप नोटियन प्रेस, अबे बुक्स, इम्युजिक इन, फ्लिपकार्ट, एमेजॉन, किंडल, इंस्टेंट रीड लाइक ईबुक, किंडल, गूगल, इंटरनेशनल साइट्स और कई अन्य से भी उनकी किताब खरीद सकते हैं।

स्पॉटिफ़ पर पॉडकास्टः @ ब्रोकन हार्ट

इंस्टा आईडीः बुकहब92

जीमेलः सुमितकुमार 88234

लिंक्डइन: सुमीत कुमार

लिंक्डइन: सुमीत कुमार

पावती (स्वीकृति)

सुमीत कुमार

सुमीत कुमार, एक वयस्क जो जीवन के कई चरणों का अनुभव करता है, एक प्रसिद्ध लेखक और नए युग के लेखक हैं। वास्तव में वह एक लेखक होने के साथ-साथ गायक, कवि, शायर, उद्धरण लेखक, गीत लेखक और एक कलाकार भी हैं। एंकर या स्टैंडअप कॉमेडियन। उनके बारे में बहुत ही रोचक और दिलचस्प तथ्य यह है कि वे नए युग के लेखक हैं यानी उन्होंने अपने लेखन की यात्रा उस उम्र में शुरू की जब वह अध्ययन करने के लिए स्कूलों जा रहे थे। उनकी 100 पुस्तकों की स्ट्रीक महान होगी भविष्य में उनके लिए उपलब्धि, उनकी कुछ प्रसिद्ध रचनाएँ यानी प्रेम की परिपक्वता (शैली _प्रेम) स्वप्न की गोपनीयता (शैली-मध्य वर्ग की जीवन शैली)।

आप नोटियन प्रेस, अबे बुक्स, इम्युजिक इन, फ्लिपकार्ट, एमेजॉन, किंडल, इंस्टेंट रीड लाइक ईबुक, किंडल, गूगल, इंटरनेशनल साइट्स और कई अन्य से भी उनकी किताब खरीद सकते हैं।

स्पॉटिफ़ पर पॉडकास्टः @ ब्रोकन हार्ट

इंस्टा आईडीः बुकहब92

जीमेलः सुमितकुमार 88234

लिंक्डइन: सुमीत कुमार

लिंक्डइन: सुमीत कुमार

1

एक कहानी

15 मार्च 2003... को एक मध्यम वर्गीय परिवार में जन्म एक छोटा सा बच्चा जिस्का नाम ध्रुव था। एक आयशा नाम जो एक सपने देखने वाला लड़का पर ही था। लेकिन उसे क्या पता था उस वक्त की मेरे नाम का मतलब ही आएगा जेक बदल जाएगा। उसके माता-पिता किसी भी बड़े परिवार से संबंधित नहीं हैं, वही करते हैं वो भी मध्यम वर्गीय परिवार से थे। ध्रुव के पिता एक ठेठ मध्यवर्गीय परिवार से संबंधित करते हैं जहां सपने के लिए कोई जगह नहीं थी सिरफ उनके परिवार का ये मनाना था की किसी भी तरह से अपनी पढाई पूरी करो और जॉब लो। उसके पिता के चार भाई थे और ध्रुव के पापा उन सब में सब से छोटे थे और इनके पापा, मेरा मतलब है ध्रुव के दादा जी पंचायत में एक प्रमुख थे जिशे हमलोग गांव में (मुखिया नाम से जनता है)। ध्रुव के डैड हमेशा सेह अपने बहियो के साथ गांव (गौन) में ही रहते थे और घर के काम में ही हमशा लगे रहते थे (जब ध्रुव के दादा जी) का मौत हुआ तब लगाबाग उसके एक साल हुआ। था। ध्रुव की माँ भी एक ठेठ मध्य क्लास फैमिली से संबंधित कारती थी जहां लड़कों को सपना देखना मन था सिरफ एक काम करने के लिए उन्हे बचपन से सिखाया गया की घर का काम कैसे करता है और आपके ससुरालवालो को खुश कैशे करता है है)। ध्रुव की मां घर में सबसे बड़ी थी और उनके परिवार में एक उनके भाई थे और ऐसी मां थी और भी परिवार के लोग गांव में ही रहते थे और ध्रुव के नाना जी एक किसान (किशन) थे और उनकी मां। और एक सबसे अजीब बात ये थी कि उनके भी घर सिरफ उनके भाई को स्कूल भेजा जाता था और बाकी सब घर में ही रहते थे। की एक ऐसी धागे से बनी किस्मत जिस्का टूटना पहले से ही तय था। मेरा तो यही सिरफ कहना है की वक्त बदल जाएगा अगर हम अपने हाल को बदल दे तो। खैर चले आगे की और चलते हैं और देखते हैं की ध्रुव की कहानी में और कौन, कौन से नए मोर देखने को मिलते हैं। ध्रुव की फैमिली एक बड़ी फैमिली थी जिस्म उसे मिला के पुराने 10 लोग थे और वो घर में सबसे छोटा था बिलकुल अपने डैड की फैमिली की तरह। इस्के पहले ध्रुव की फैमिली ने कफी मुश्किलो का सामने किया था तो चलिये एक नजर उसपे भी दलते और कहानी जहां पे अधूरी थी थोड़ी पहले उसे पूरा करते हैं।

2

मध्यम वर्ग का औसत जीवन

1996... ध्रुव के जान के सात साल पहले, उसके परिवार के ऐसे हलत थे की में या और कोई भी इन सबो में बयान नहीं कर सकता कहता है मध्यम वर्ग परिवार में सपने से ज्यादा चाहता है, अक्सर जो हम चाहते हैं की वो हमारे उससे में आए वो आते ही रह जाता है। हर मध्यम वर्गीय परिवार की एक ही पहचान है। आजकल की किशी भी तारह सिरफ पढाई करके आप इंजीनियर ये डॉक्टर ये बैंक क्लर्क ये जनरल कॉम्पिटिशन को पास करो और गवर्नमेंट जॉब ले लो। हमें उतनी उड़ान ही नहीं मिल पाटी है कि हम अपने सपनों के पंख को फेला खातिर। ये मिडिल क्लास फैमिली में रिश्ते कांच की तरह होते हैं अगर आप उसे हलका भी दबाओ देंगे तो वो टूट ही जाएगा, 23 अप्रैल 1999 उस दिन से लेकर आज तक काफ़ी उतर चढाओ आया है ध्रुव की फैमिली में बड़े में। केह दिया आपने बहियो से की सब ये रह के क्या करोगे चलो जाओ कहीं बाहर जकर काम करो, उनके परिवार में आइशी भी बात नहीं थी कि वो भुके मार रहे थे, उसके दादाजी आखिरी कर ही एक मुखिया थे वो किसी को दीकत भी नहीं हुई, लेकिन उनके जाने के बाद बहुत सारे दिकातो का सामना किया ध्रुव के पापा ने। जैशे की जब वो अपने परिवार से अलग हुए थे तब उनकी शादी के 29 साल हो चुके थे और ध्रुव के भाई बहन काफ़ी बड़े हो चुके थे, सुरु सुरु में तो जब ध्रुव के पापा अपने में फिर से मैंने खुद को। तो उनको के दिन सरको पे ही रात गुजरी परी, क्योंकि उस वक्त उनके पास नौकरी नहीं थी न उतने पैसे थे कि वो अपने लिए एक किरये के मकान में भी रह खातिर। उश वक्त उनके सारे बच्चे और ध्रुव की मां उनके साथ नहीं थे क्योंकि वो सब गौन में ही थे। उनके पापा ने उन्हे ये कह के रोक दिया की जब मुझे काम मिल जाएगा तो मैं सब को खुद लेने दूंगा। केई दिन और केई रातें और काम न मिलने के लिए वही निरशा ध्रुव के पापा को हर रोज दिखती जैसी की एक सूरज अपनी रोशनी के बिना डब जाए। एक वक्त आता है सब की जिंदगी में की जहां हम अपनी उम्मीद को छोड़ देते हैं मंजिल उसके करीब ही होती है।

लेकिन ध्रुव के पापा ने आयशा नहीं किया ना वो अपनी उम्मीद छोड़ पाए न ही वो अपने भाईयों की बातें को भूल पाए और बहुत कर जिस चीज की उन तलाश थी वो आखिरी मिल कर उन वो। ऐसे ही (यदि किसी पेड़ की टहनी और जड़ कमजोर होगी तो पूरा पेड़ कमजोर हो जाएगा) जब ध्रुव के पापा को इतनी मुश्किलों का सामना करना परा वही लेकिन उनकी फैमिली को भी केई मस्किलो का सामना करना पारा। माई ये नहीं बोलता की हर मिडिल क्लास फैमिली के लोग बुरे होते हैं लेकिन जो ध्रुव की फैमिली थी वो रिश्तो से ज्यादा पैसे से मतलब रखती थी, हा ये भी है की आजकल के जमाने में लोग पैशो को रिश्तों से ज्यादा। उसके परिवार में भी उसके चाचा और उनकी पत्नी ने उनकी मां को कहीं दुख दिए हैं, कभी कभी तो वो उन खाना भी नहीं मिलते थे। ध्रुव के भाई बहनो ने की रात बिना खाए पिए ही निकले दिए। लेकिन कहते हैं वक्त तो सबका बदला है लेकिन उसी में उम्मीद किसी को नहीं होता क्योंकि जिस दिन उम्मीद का पता चल जाएगा उस दिन वक्त बदलेगा ही नहीं। उन्हे ये तो खबर थी की हा कभी ना कभी हम तो और यहां को पार कर देंगे और जो हलत है हमारे अभी वो भी बदल जाएंगे। फिल्मो में तो के हीरो देखे हमने लेकिन असल जिंदगी में ये काफी कम देखने को मिला है। काफ़ी वक़्त बीता लेकिन हलत वही थे, ध्रुव के पापा आख़िर कर एक 12वीं फेल कैंडिडेट थे तो उनको जॉब भी मिलना वो भी गवर्नमेंट जॉब, ये काफ़ी मुश्किल था उस वक्त में भी आपको सबसे पहले ही बोला। लगभाग 7 महिनो के बाद उन्हे एक ड्राइवर की नौकरी मिली और उन्होन जो अपने बच्चों से वादा किया था ठीक कर उन्होन उशे पुरा किया। वो अपने गांव से अपने परिवार को अपने साथ लाए और जो सपना उन्होने देखा था वो शायद पुरा हो जाता लेकिन उने क्या पता था की जो सपने वो देख कर आए हैं उन्हे पुरा होने में अभी काफ़ी वक्त है...

"की अगर वक्त मिलेगा तोह

हालात ज़रूर

बदलेंगे (2)

और जो सपनों की उड़ान छूट गई थी

बीच में कहीं

उसकी उड़ान फिर बदलेंगे.........

"

3

वंचित समय

मिडिल क्लास फैमिली में सपने कम हैं लेकिन उसके प्यूरी होने की उम्मीद आज ज्यादा देखी जाती है, क्योंकि सपने तो एक जरिया है दुनियावलो को देखने के लिए और खुद की पहचान बनाने के लिए। दुनिया में आजकल किसी से जीने का तारिका सीखना है तो आप एक मध्यम वर्गीय परिवार से सीख सकते हैं। क्यूंकी ये एक ऐसी मिलावत है जहां कभी खुशी तो कभी गम है। वक्त बदलते जाते हैं लेकिन उन्हें कभी नहीं बदलती, ये अपने रास्ते तो बदल सकते हैं लेकिन अपने सपने कभी नहीं बदल सकते हैं, थोड़े वक्त के लिए दगमगा जरूर जाते हैं लेकिन कभी बदलते कभी नहीं। मिडिल क्लास फैमिली हर दिन एक ही उम्मेद के साथ जीता है की आज तो मौका चला गया लेकिन फिर कल जरूर आएगा। एक बहुत अच्छी कहवत है मेरी भाषा में जो आप लोगो को सुनाना चाहता हूं।

"जो लगी उम्मेद

नैन से तेरे सपने

के जगवत है

खुद की रहे

छोड के बंधु

दसरे की रहे बनाबत है........."

मैं भी एक मध्यम वर्ग परिवार से संबंधित हूं और जो हर मध्यम वर्ग परिवार की सोच है की बड़े होकर उनका बेटा उनका नाम रौशन करेगा, वो अभी भी मेरे परिवार में कहीं जाती है। बहुत कम लोगो को ये मिले मिलते है की वो अपने सपने को सपना ही बना के रखे उम्मेद ना बनने दे। लेकिन मैंने एक बात पहले भी कही थी की मध्यम वर्गीय परिवार की हर एक छोटी से छोटी एत मिलावत से बनी है जिसमे कभी खुशी तो कभी गम आता है। हमारी सबसे बड़ी गल्ती ये है की हम खुद से ज्यादा उने इच्छा करते हैं जो शायद है भी जिन्को लोग आजकल बगवां माने है। माई ये नहीं कह रहा हूं की मैं नास्तिक हूं या मुझे उन पर भरोसा नहीं है। मैं

ये कहना चाहता हूं की जो आशा हम आपके सपने को पूरी करने के लिए खुद लेते हैं, उसमें भी एक आस्था छुपी है जो हमें भगवान के दर्शन करवाती है। तो फिर क्यों हम अपनी उम्मेद को किसी पत्थर के हवाला कर दी और अपनी मेहंदी को किसी और का नाम दे दे। मुझे तो मंज़ूर नहीं है क्योंकि कोई भी मा बाप आपके बच्चे से उन पालने की जग उनसे ये राख नहीं रखता की वो भी उनका ख्याल रखा। उन्होने हम बनाया नाकी हमने उन्हे। हमारी उम्मेद है वो कमज़ूरी नहीं खैर छोडिये एन बातो को चले आगे बढ़ते हैं और ध्रुव की फैमिली में उसके पापा ने जो किया है अपनी फैमिली को अपने साथ लाए वो कैसा मोर लेटा है...

4

विफलता के साथ संतुलन

उन तीन वर्षों में एक भी दिन कुछ ऐसा नहीं हुआ की में आपको बता सकता है कि उनकी जिंदगी उन तीन सालो में कुछ बदली, खैर वो कहते हैं ना (हर पल एक नई स्थिति के साथ जुड़ा हुआ है) ये बातें किसी ने नहीं बोलकी माई ही रहा हूं क्योंकि उसके बाद जो हलत उनके बदले उसका अंदाज कोई भी नहीं लगा सकता है। और आखिर कर उनके हलत थोड़े से बदले कुछ कुछ वक्त के लिए, लेकिन वो कुछ वक्त ही उनके लिए पूरी जिंदगी बन चुकी थी, ये कहिए की पूरी खुशियां कुछ वक्त के लिए ही वहां हैं, जिनके लिए कुछ वक्त है ना ही किसी की मजबूरी के वजह से मिली और ना ही कुछ खोने के बाद मिली। मिली थी तो सिरफ एक ही वजाह से वो था उनके संघर्ष (अगर रास्ते खराब है तो इसका मतलब यह नहीं है कि हम अपनी मंजिल भूल जाएंगे) या यू कहिए की किसी चीज से जब रिश्ता तो उन में जो जो भी होगा की। हा रिश्ता तो था उन तीन सालो में जहां पे कोई सहारा घर न होते हुए भी उन्होन संघर्ष के घर पे अपने दिन काटे, किसी अपने ने उनका साथ भी नहीं दिया लेकिन उनकी मेहंदी तो थी, जब कुछ कुछ की बेचानी को ही भुक मान कर उसे मिटाने की कोशिश करते थे, तो हम कैसे कह सकते हैं कि कोई रिश्ता नहीं था .....

कुछ बताना शायद भूल गया हूं आप सब को की उनके जिंदगी में एक ऐसा भी वक्त आया, जब किसी ने ये बोला की "आप अपने बच्चा हम दे दो" वो सिरफ इस्लिये की जो ध्रुव से बड़ा वो उसका भाई है और जिन्होन ये बोला उस वक्त उनकी एक ही औलाद थी और वो भी लड़की थी (मुझे तो कभी ये समाज ही नहीं आता है कि क्या खुशी मिलती है। , लेकिन क्यों आसिहा क्यूं ?

सुमीत कुमार

फिर भी दमन को थाम लिया

....

हा मजबूर तो वो भी थे
फिर भी गैर होने का ना एहसास दिया
जो परी थी खुशियां उन हाथों में
बिन मांगे ही सब कुछ दान किया (2) ...."

5
मेरे बिना

15 मार्च 2003 के दिन ध्रुव की परिवार में एक नया मोर आया, उस दिन को जब भी याद करता हूं तो बहुत खुशी मिलती है की भले वक्त लगा उन हालतो से निकलने में लेकिन नहीं आखिरी कर ध्रुव की परिवार उन हालों में सारे का इंतजार में था। जब ध्रुव पाया होने वाला था तब बहुत सारी मुश्किल उस दिन आई, क्योंकि उस वक्त न कोई डॉक्टर था और न ही कोई ऐसा एन्सां था जो डिलीवरी करवा साखे और ऊपर से बहुत जूरो की बारिश की कहीं कोई एम्बुलेंस था। वक्त नहीं बता पाउंगा लेकिन शाम का वक्त था। जो दिन लाइट भी नहीं थी सब मोम्बती के सहे उजाला लाने की कोशिश कर रहे थे उजाला लाने की कोशिश मोमबट्टे ने की वो ज्यादा डर टिकी ही नहीं पाई, सब और यहां में ही थे और कुछ साफ से दिख भी रहा था, उतने ही डर में ध्रुव की मां पानी पीने के लिए लेकिन सुकर है वो गिरी नई, उस वक्त पूरी तरह से ध्रुव के पापा ने उनका हाथ थाम लिया था, कितना रोमांटिक होगा वो पल। फिर क्या जितने भी लोग अपने घर में थे, उतने ही कुछ देखे की कितनी बारिश है (सच में कहन तो भारतीय की महिला बोहोत कमाल की होती है बिन कुछ सोच ही कुछ भी कर देती है वैसा सलाम है मेरा उनकी एन बहादुरी के लिए) खैर आगे देखते हैं, तो जब सब आ गए उनकी आवाज सुन के तो वही कुछ बेशरम लोग भी थे जिन्हे उनसे कोई नहीं कुछ डर बाद दर्द इतना बढ़ा गया की अब होम डिलीवरी के अलावा कोई और चारा न दिखा किसी को, फिर क्या था घर के सारे मर्द बहार और औरते घर में। कुछ ही डेर में एक छोटी सी किल्कारी और रोने की आवाज आई, उस वक्त क्या अनुभूति (भावनाएं) थी और क्या भावनाएं थीं कोई भी नहीं बता सकता, सारे लोग बहुत खुश था वही वही लेकिन एक ऐसा भी है या लड़की (अगर मैं वहा रहता न उस वक्त तो उसे पता को पहले बहुत ज्यादा समझौता। ऐसे सवाल पूछने का क्या मतलब है कि लड़का हुआ है की लड़की।)लेकिन क्या करे कुछ लोग की आदत तो बदल नहीं शक्ति क्योंकि ऐसे लोग तो भरे पारे है हमारे समाज (सोसाइटी) में, कुछ ही डर में जवाब भी आ गया मुबारक हो बबली के पापा लड़का हुआ है। का बड़ा बेटा या बेटी होती है लोग उन्हीं के नाम से उनके मां बाप को कहते हैं) ध्रुव के पापा तो इतने खुश थे की मानो कोई खजाना हाथ

लग गया है उनके। लेकिन क्या करे किसी भी मिडिल क्लास फैमिली के लिए उनके बच्चे ही उनका असली खजाना होता है। तो खुश होने की बात तो है ही। हा कुछ ऐसे ही थे उनके पड़ोसी नाथ जी। उन्हे किसी भी चीज से कोई मतलब नहीं था सिरफ मिठाईयों के अलावा, अभी ध्रुव के पापा ने ध्रुव का चेहरा भी नहीं देखा था और वो खाने के लिए अपील कर चुके थे। कुछ ही डेर बाद वो समय आया जब हमारे हीरो का चेहरा दिखा (छोटी सी आंखें, चेहरे पर एक अलग मुस्कान, और उसकी आंखें तो इतनी प्यारी थी जिसका इस दुनिया में उस वक्त कोई मुकाबला था, जिसमें कोई ऐसा नहीं था) आने कपास (कपास) भी कुछ नहीं था और क्या चाहते हैं। सब बहुत ज्यादा खुश थे, ध्रुव के पापा ध्रुव के भाई बहन और उनकी छोटी सी दुनिया। वो उस वक्त बोल पाता तो क्या बोलता किजिये मेरे ख्याल से तो ये बोलता की पापा अब बहुत संघर्ष हो गया आब कुछ करने की जरूरत नहीं है) कितनी खुशी का दिन था वही दिन उनके लिए जो एश हलत से गुजर चुका है। खैर थोड़ा इमोशनल हो गया था चले आगे बढ़ते हैं और देखते हैं कि ध्रुव का आना उनकी दुनिया में कौन सी खुशी लेकर आता है ....

6
जन्म की खुशी

ध्रुव का जन्म के कुछ ही दिन बाद उन एक सरकारी नौकरी मिल गई और साथ में 50 हजार रूपए भी और जो सपने ध्रुव के पापा ने देखा था शायद अब वो सारे शुद्ध ही होने वाले थे। जैसे की (एक अच्छा घर, एक अच्छी नौकरी और उनका पूरा परिवार और उनके बच्चों के लिए एक अच्छा भविष्य) मैंने पहले भी बोला था की मध्यम वर्ग में जितने हमारे सपने बड़े होते हैं। ध्रुव के परिवार में भी कुछ आयशा ही था क्योंकि ध्रुव के पापा ने ये सोच लिया की कैसे करना है लेकिन कब करना है ये पता था। क्या करते वो भी क्यूंकि उन्होन जैसी जिंदगी इसके पहले जी थी वो काफ़ी खराब थी लेकिन जो ज़िंदगी ध्रुव के आने से बदल गई है शायद वो काफ़ी अलग थी अगर पहले वाले से तुलना की जाए तो।

"हालात बदले है

किस्मत न्ही(2)।

और जो खुदा से हर रोज मांगा हूं सजदे में

उस तकदीर की लिखावट उसके पास है ही नहीं.....

"

शुरू के 4 सालो में तो कुछ डिकत नहीं हुई क्योंकि उसके पापा के पास अब एक सरकारी नौकरी थी और पैसे भी काफ़ी अच्छे मिल रहे थे और अब तो उनके पास भी एक अच्छा घर भी था और वो भी वही कोई था था तो किया लेकिन अब जो मुकम ध्रुव के पापा ने परेशानी किया था शायद वो उन बाकी मुशिबत से बचा कर रक्षा था। लेकिन मैंने पहले भी कहा था की हलत बदले है किस्मत नहीं। द खैर आपको घुमा के क्या बोलना सीधे ही बटाता हूं, ध्रुव अब शुद्ध 4 साल का हो गया था और बाकी बच्चों की तरह वो काफी अलग था क्योंकि ज्यादतर बच्चे खेलने की या कहीं बाहर जाने की है था जिशे स्कूल जाने का मान ज्यादा था क्योंकि उसके जब सारे भाई बहन स्कूल जाते थे तो उसका भी मन में एक सोच दिया हो गया था की सब स्कूल कॉलेज जाते है और वो घर में ही बैठा रहता है। फिर क्या था उसे आपने मन की

बात आखिर कर एक दिन सब को कह ही दी वो भी आपके पापा के सामने की आप सब को पढ़ाते हो मुझे क्यों नहीं। उसके एस सावल पे पहले तो लोग काफ़ी हैं और उसके पापा भी। लेकिन कुछ ही डर में उन सब की हशी एक सोच में बदल गई।

फिर क्या था काफ़ी वक़्त सोचने के बाद कुछ ही दिन के बाद आख़िरकार हमारे ध्रुव का भी प्रवेश एक स्कूल में हो गया जहाँ उसके भाई बहन पहले से ही पढ़ते थे। मुझे आज भी याद है काफ़ी खुश था वो उस दिन और शुद्ध मोहल्ले में उसे शूर मचा कर रखा था की वो भी कल से स्कूल जाएगा उसे भी नया बैग नई बोतलें और नई किताबें मिलेंगी। सपने बड़े नहीं थे उसके लेकिन उसके बाद काफ़ी बड़ी थी कुछ बड़ा नहीं करना चाहता था लेकिन सबके बराबर बनने की चाह जरूर थी, लेकिन आज काफ़ी बुरा लगता है ये सोच के वो हमारे साथ है वो गुसे वाली नज़रें हमारे साथ नहीं है, मैं ये मन्ने को भी तय नहीं हूं की जो लड़का सब हालतो से लार कर हर दिन आगे बढ़ने की कोशिश करता था वो एक दिन सच में हर जाएगा। बचपन की बनावट बिलकुल पानी जैसी होती है अगर हम उसमें कुछ भी मिला दे तो वो उसकी जग ले लेता है। अभी अभी सही वक़्त नहीं है की आप सब को ये पता चले की ये सब कब हुआ कैसे हुआ और वो हमारे साथ क्यों नहीं है, क्योंकि मैं उसे इस दास्तान को अधरुई ये छोड़ इस से फिर क्या हुआ बढ़ते हैं और हमारे ध्रुव की जिंदगी में क्या होता है ये देखते हैं ......

"ऐ काश तू साथ होताः
तो खुशियों का बहार होता
जिंदगी भले ही नई पहचान दिखी
फिर भी उस पहचान में तेरा कोई हाथ होता
अरे हम जी ही कह रहे हैं तेरे बिना
वो तो कुछ याद है तेरी जो इस मुर्दे सारी
में अभी तक जान डाली हुई है
लेकिन तुझे कैसे बताए हम
अगर ये यादें न रहतीं
तो अस मुर्दे सायर का भी जग संसार होता ...."

7

जीवन का आकार

मैं बचपन की बनावट का कोई आकार (आकार) नहीं होता आप इसे जैसा ढालोगे ये वैसा ही डालेंगे, खैर इसे यही रहने देते हैं क्योंकि यह सब तो ज्ञान की बात है और काफी कुछ होता है है। लेकिन ध्रुव की कहानी एक ऐसी कहानी थी जिसमे बचपन की तो जग थी लेकिन उसके आगे की शायद नहीं थी। मुझे वो दिन तो याद है लेकिन वो तारिक नहीं (तारीख) याद है, जब ध्रुव पहली बार स्कूल गया, मेरा मतलब उसका पहला दिन था स्कूल में। केई बार ऐसा होता है की बच्चे जो चीज चाहता है अगर वो चीज उन्हे मिल जाए तो बाद में वो उसके कादर बिलकुल नहीं करता है लेकिन हमारा ध्रुव ऐसा नहीं था क्योंकि वह जिस चीज की वो ख्वाहिश था। ध्रुव एक उज्ज्वल छात्र था बचपन से ही वो जनता था की जिंदगी हमें कोई दशहरा मौका नहीं देता क्योंकि सब को ये एक ही बार मिलती है और इसमे ही हम आगे बढ़ना होता है और उसके साथ होता है ये दोनो हम एक ही बार मिलते हैं)। वो जनता था की कैसे हलों से उसे पूरी फैमिली गुजर चुकी थी इसलिय वो पिच मूर के देखना ही नहीं चाहता, भले ही उसे उमर 4 साल थी लेकिन उसके बीच बिलकुल 4 साल के बच्चे की तरह बिलकुल भी के साथ कैसा चलना है उससे बेहतर कोई नहीं जनता था। और एक बात वो हमा कहता था (अगर मंजिल है तबी रह मिलेगी)। कोई देखता है बचपन की याद में सब याद रखना चाहते थे लेकिन वो एक ऐसा लड़का था जिसे नफ़रत थी उसे खुद की यादों से क्यूंकी वो कहता था कि अच्छी याद में सिर्फ़ में कुछ नहीं देती है देने वाली हो तो लोग उनकी कदर करते हैं उन्हे वो सुधारना चाहते हैं। काफ़ी अलग बचपन था उसे लगार 4 सालो तक टॉप करने के बाद भी उसी रहे उसके ख़वाब उसके आगे बढ़ने की वजह बनी। वो कहते हैं ना जिसे मंजिल की ख़वाब हो उसके रास्ते में काफ़ी मुश्किलें आती है। तो ध्रुव तो एक ऐसा लड़का था जिस मंजिल भी बड़ी थी और उसके ख्वाहिश भी। तो ये तो हो नहीं सकता था कि उसके रास्ते आशान हो। (एक वैज्ञानिक बात है जो शायद समाज आए या ना आए फिर भी बताना चाहता हूं, वो हमारे यहां कहते हैं ना की उसका चेहरा है इसलिए इतना मिला है है हम कोई ये क्यों नहीं कहता की उसे मुश्किल है उनसे मिली है, उसके कोशी उनसे मिलती है) रहे सब बताएंगे लेकिन ऐसे

कैसे चलना है कोई नहीं बताता क्योंकि आजकल की सबसे बड़ी है उसे रहो पे चल सकते हैं। अगर वो कामयाब नहीं है तो उनकी राहे भी हमारे कोई काम की नहीं.

ध्रुव की राह इतनी कत्थिन (कठिन) थी की उसपे चलना काफ़ी मुश्किल था उसके लिए भी और उसे देख कर बाकी के लिए भी क्योंकि बचपन की अच्छी यादों के साथ कुछ ऐसा भी याद है जो वही सबसे ज्यादा तकलीफ देता था वो ये थी की उसे मंजिल कभी बदले न और अगर बादल भी जाए तो वो उन हलतो को देख कर बदले न लेकिन शायद ये बातें या किस्मत उसे तो मंजूर था उसे फिर से न की किस्मत और तकदीर ऊपर वाले के हाथ में होती है) मानता हूं की ध्रुव ये बातें नहीं मानता था लेकिन जो चीज आपके सबसे करीब हो और उसे खोने का ऐशश हो तो चाहत वक्त भी होता है। . इसकी माया हम नहीं छोरी। आज के जमाने में हम सब कुछ खरीद सकते हैं (भावना, भावना, करियर, रिश्ता, बंधन मेरा मतलब ये की जो भी चीज है मिली ये प्रकृति ने दी वो सब कुछ है कि हम खारिद सक्षम है को एक चीज एक चीज है मौत और किसी की जिंदगी। और एन सब की एक ही वजाह पैसा (पैसा) है और कुछ भी नहीं)। लेकिन इसमे ऐसे भी कोई गलती नहीं है अगर मेरे नजरो से देखा जाए तो मैं ये कहना चाहता हूं कि लोग साथ देने की बात तो करते हैं लेकिन वक्त आने पर उनका साथ भी कुछ कागजो (पैसा) से हो सकता है . और ध्रुव के लिए भी सबसे बड़ी मुश्किल पासिया ही थे (जो आजकल हर मिडिल क्लास फैमिली की ख्वाइश होती है)। ध्रुव ने ये कभी नहीं सोचा था की कुछ कागज के टुकड़े की वजह से उसकी ख्वाहिश, उसकी मंजिल, उसकी यादें, उसकी मेहंदी सब हार जाएगी...

"राहे अगर कथिन होति
फिर भी चलता
लेकिन कसूर तोह
उश नचीज़ मंजिल की थी
जिस चलने से पहले ही
मेरे कदमो को मुझसे छीन लिया.................

"

8

रहस्य का पत्र

वन ईयर...

राहे जब सुनसान हो न मंजिल और भी दरवानी लगती है, इस्का मत बिलकुल साफ है पहले तो दो ही वजाह थी ध्रुव के पास लेकिन अब एक और वजाह ने उसके मान में एक अलग ही त। ही शोर मचाने की वजाह रहती थी अब वहा लेकिन खामोशियों की महफिल बन गई थी, जो हरकत हर किसी की हासने की वजाह बंटी थी आज वो किसी की रोने की वजाह बन गई थी कभी भी बैन जी द. अब में उसके बारे में नहीं बताऊंगा क्योंकि अब मेरे अल्फाज काफी नहीं है उसके हलत को शब्द में बाया करने के लिए मतलाब है उसे डायरी लिखने का बोहोत सौ था और वो हर दिन को अपने सबों में अपने डेयरी में लिखता था।

प्रिय डायरी,

दिनांक :20/10/2017

दिन: शुक्रवार

काफ़ी कुछ बदल गया है मेरे हलत, मेरे सब, मेरी जुबान, और अब ये ज़िंदगी रश नहीं आ रही है मुझे, तकलीफ हो रही है जीने में कभी सोचा नहीं था कि कुछ ऐसा भी कुछ भी आज मेरी खामोशी भी मेरे साथ नहीं है। ही सोचा था कि कहीं नहीं सकता क्योंकि मेरे हलत मुझे मंज़ूरी ही नहीं देता की खुद के दिल की बात है, अफ्सोस हो रहा की आज जिस मुश्किल में कभी नहीं है है लेकिन ज्यादा है, बहुत ज्यादा निराश हूं कि तीन पैकेट खतम कर चुका हूं फिर भी मन को अच्छा नहीं मिल रहा है, नींद आती भी है तो काफी काम वक्त के लिए क्योंकि यही सोच अब है। अगर इस तरह से मेरी जिंदगी रोज चली तो आई एम सॉरी मैं ज्यादा दिन तक जी नहीं पाउंगा काफी घुतन हो रही है की अब मेरे सपने मेरे साथ नहीं है और जब कोई और की आवाज सुनता हूं बाद में क्या होगा मुझसे तो सबरा बिलकुल नहीं होता की खुद को रोक पौन। में ही, अब ज्यादा पसंद आने लगी है और ये खाली कामरे ही मेरी जिंदगी का हिसा बन चुके है क्योंकि आपकी बीमा को शर्मिंदगी अब कुछ करना तो होगा वर्ना न ये जिंदगी मुझे जाने दे रही न ही मार्ने दे रही है। अपनी बातें शेयर करना चाहता हूं किसी से लेकिन हिम्मत ही नहीं हो रही है। जबकी आपके हालत किसी और को बताने से मेरी उम्मीद बढ़ेंगे लेकिन मेरे सपने नहीं। डैड से बात की उन्होन ने बोला की मुझे थोड़ा और इंतजार करना परेगा क्योंकी घर के हलत ठीक नहीं है पता नहीं ये कब रुकेगा फिर भी कोसिस करुंगा एन सब से जल्दी निकलूं। अब जाना परेगा क्योंकि और एस चीज के बारे में कुछ कहने की हिम्मत नहीं हो रही है। क्यों हर वक्त ये मुझे तकलीफ देता है और ऐसे निकलने की कोई वजह नहीं है मेरे पास ....

9

बकवास स्थिरता

हम मजबूर तब नहीं होते जब हम से सब कुछ छिन जाता है, हम मजबूर तब होते हैं जब खुद की बातें और आशुल (आदर्श) और हमारी खुद की आत्मा (आत्मा) भी हमारा साथ चूर देती है। ध्रुव बदला नहीं लेकिन जो उसकी परिवार के जितने भी अतीत थे और जितनी भी करवी यादें थे या जो कुछ भी उन्होन ने बीते कल में झेला वो सब कुछ अब ध्रुव के साथ और रहा था (जीवन एक हिस्सा नहीं है बल्कि एक हिस्सा है जब हम स्थिरता प्राप्त करने का प्रयास करते हैं तो बलिदान प्रकट का एक हिस्सा है)। मैंने बोला था की एक वैज्ञानिक शब्द है जिसे हम जेनेटिक्स के नाम से जाने है, क्योंकि जेनेटिक्स ही तो है जो कुछ भी ध्रुव के परिवार में उसके भाई बहन ने झेला था। वो सब अब ध्रुव के साथ होने वाला था तो इंतजार क्यों करना चलाय देखते हैं की ध्रुव की जिंदगी किस मोर लेकिन आई है। काफ़ी दिन अच्छे से बिटने के बाद अब पैशो की जो कमी थी (पैसे की कमी) अब ध्रुव के वर्तमान और भविष्य दोनो को तकलीफ दे रही थी, क्यों स्कूल में पैसे जामा ना होने के करन उसे काय बार सस्पेंड परा मेरा सामना है की उसे पैसे शुद्ध जमा ना होने के करन उश क्लासेस से बहार निकला दिया जाता था, के बार तो उसे घर पे भेजा गया था वो भी एक नोटिस के साथ की (आपके बच्चे फीस न देने के कारण निलंबित हैं)। फिर क्या था धीरे-धीरे वही यादें उसके लिए रोज करवी यादें बन रही थीं और वो हमा स्कूल जाने से पहले ये इच्छा करता है कि काश आज मुझे क्लास से बाहर न निकला जाए जो मंज़िल थी, उसकी जो खविश थी उन्होन भी उसका साथ धीरे धीरे चोरना शुरू कर दिया। फिर क्या था उसे स्कूल जाना काफ़ी काम कर दिया कभी कभी 2 हफ़्तों (सप्ताह) तक वो स्कूल नहीं जाता, फिर भी उसके परिवार में सब उसे जबर्दस्ती (बल) करते थे स्कूल जाने के लिए और वो हरथ बार। लेकिन कभी उसने ये वजाह किसी को बता की वो क्यों नहीं जाता न ही किसी ने कभी भी उससे पुचने की कोशिश की वजह क्या है स्कूल ना जाने की। जाने तो सब थे लेकिन उसके सामने जहीर करना नहीं चाहते थे,बचपन एक ऐसा आयशा है जिसमे हम कभी झूठ का सामना नहीं करना पारे वो एक ऐसा लड़का था जो आपके हालों को किसी के साथ जहीर नहीं करना चाहता था भले ही वह खुद से दूर है।

(अगर मैं कहु तो मुझे लगता है कि उसकी मंजिल आगे बढ़ने की नहीं थी वो इतना चाहता था कि उसके परिवार अच्छे से रहे।) फिर भी एन सब को भूल कर वो रोज जाता और रोज वही होता है जो वहां होता है। परीक्षा भी नहीं देने देते थे क्योंकि उसके पापा ने पूरी फीस कभी जमा ही नहीं थी। बचपन में अगर कोई वजाह पिचे बढ़ने की मिल जाए तो हम उस वजाह को ही अपनी जिंदगी मान लेते हैं, जब ध्रुव 10 साल का हुआ तो उसे जो भी कुछ सोचा था जो भी वो करना चाहता था हम हम को पीचे चोरना चाहता था और कहते हैं ना की कोई चीज अगर आशानी से मिल जाए तो उसे भी आशा बन जाती है। हा मिली तो लेकिन न आगे बढ़ने की ख्वाहिश और अपने रहो से मुह मोरना। हर बार एक ही लम्हे देख कर ध्रुव ने ये सोच लिया था की पैशो की अहमियत (महत्व) सपनों से भी बड़ी होती है। उसके बाद क्या था वो पढाई में काफ़ी पीछे होने लगा क्योंकि वो हर बार याही सोचा था की जिन मुशिबातो से वो रोज लार (लड़ाई) रहा है उससे वो कैसे निकले, कैसे एन्हे खतम करे। जिन आंखों में आगे बढ़ने की उम्मेद दिखी थी अब उन आंखों ने पीछे मुड़ने की वजह धुंध ली थी। कामजोर नहीं हुआ था जो हलत से वो गुजर रहा था उसके रुकने की उम्मीद धुंड रहा था और खुद कहीं रुकने की एक वजह भी धुंध पा रहा था। 6वीं कक्षा की बात है जब उसे पहली बार वो चीज की जिसे वो अपनी मौत मानता था (धूम्रपान) एक वजाह थी वक्त के साथ उसे जाना (समस्याएं) बॉडी भी उसके लिए एक मुशीबत बन गई, मेरा मतलब है की जब वो 12 साल का था तब उसे एक ऐसी बीमारी (बिमारी) हुई जिसका नाम (मैरी एंटोनेट सिंड्रोम उस स्थिति को दर्शाता है जिसमें खोपड़ी के बाल अचानक सफेद हो जाते हैं) आजकल ये कॉमन है सबके लिए लेकिन शायद ध्रुव के लिए एक मुशीबत थी।

इन सब के बाद एक डर ने उसके मान में जग बना ली थी की अब वो हो जाएगा कभी बहार नहीं निकल पाएगा। वो कहते हैं धूम्रपान स्वास्थ्य के लिए हानिकारक है उशी तराह (जब सपने कम हो जाते हैं तो यह हमारे दिमाग की स्थिरता के लिए मौत और चोट का कारण बनता है)। ये सिलसिला कायम रहा और उसे आखिर कर पैसे की कमी के और फीस न जमा करने की वजह से उसे अपना स्कूल भी छोर्ना परा वो भी पूरी एक साल के लिए। हम एक साल में बहुत कुछ हुआ ध्रुव के साथ बातें के लिए अल्फाज तो नहीं है क्या एक साल को फिर भी बताना चाहता हूं क्योंकि जो तक्लीफ उसे हुई वो सब कर के और को .

"

वक्त बदलने की कोशिश की थी हमने
लेकिन कम्बख्त नेय
हमें ही बदल कर रख दिया ...."

10

अजीब आवाज

जब उसकि बातें सुनी तो आयशा लगा की क्या सच में यही करना है जिसके कारण से वो इतना परेशान रहता है, खुद में खोया रहता है और न किसी से मिलना न किसी से बात करना और हम है। यह कोई सोच भी नहीं सकता है कि जिस उम्र में हम सारी बातें से अंजान रहते हैं सिरफ चारो तारफ खुशियां धुंते है और जिशे हम अपना बचपन मंटे है वही उमर किसी के लिए भी नहीं था। ले ध्रुव के मन में ये बात कैसे आई क्यूं आई ऐसी वहां में सच में आज तक नहीं जान पाया मैं सब एक जैसा नहीं होता दुनिया में) उसकी कोई गलती नहीं थी, इतने छोटे उमरा में वो ऐसा बन गया और मैं इसे लिए उसके परिवार को भी कसूरवार नहीं थेहरा सकता क्योंकि वहां से भी ऐसा ही था। मिडिल क्लास एक छोटी से खुशी भी उनके लिए मानो एक नई जिंदगी है और एक छोटी सी मुशीबत भी उनके लिए मौत है। मैं एक बात तो जनता हूं वो भी अच्छे तरह से उसे दुसरे को आगे बढ़ाना और खुद को उनके पीछे देखना, वो साड़ी चीज उसके मन में एक ऐसी छोट दे रही थी जिस्का इलज इस दुनिया में बिल्कूल। और भी ऐसी बहुत सारी चीज है जिन्का ज़िक्र करना जरूरी है, ऐसी दुनिया में हर चीज का समाधान है लेकिन गलतफैमी का नहीं। को ध्रुव हर दिन ये मान रहा था कि अब दसरे की तरह आगे नहीं बढ़ पाएगा और वक्त के साथ उसकी बातें भी एक अलग रूप ले रही थी जैसे की छोटी छोटी बातों पर चिर और बड़ो से अच्छे से बात ना करना और भी ऐसी सारी चीज है जिन्का ज़िकरा मैं ना ही करू तो अच्छा है। वो अपने पीछे बढ़ने की वजह से अपने परिवार को मान चुका था और सबसे बड़ा दोसी वो अपने पापा को मानता था क्योंकि उसे लगता था कि उनी की वजह से वो स्कूल नहीं जा पा रहा, नहीं खुद का इला . वक्त जब और गुजर तो उसकी मानसिकता और भी बिगर गई और उसे केई सारे गलत रहो पे चलना सिख लिया था और उस वक्त मुझे तो यही लग रहा था कि अब कोई उम्मेद नहीं है बड़ा हमें वापस आया हमेश देखती थी वो अब पूरी तरह से धीरे धीरे गयब हो रही थी। ना वो अपने माँ बाप से अच्छी तरह बात करता था और ना वो अपने भाई बहनो से अच्छे से बात करता था|

इस दुनिया में हर चीज से हम लार (लड़ाई) सकती है लेकिन खुद से कभी नहीं लार सकती, ये बात वो अच्छी तरह से जनता था की वो किसी भी हलत में खुद से कभी नहीं क्या महसूस करती है। उस चार दिवारो में रहने वाली खामोसी से, खुद की तनहाई से, खुद की हार से, और जिश वजाह से वो आयशा बना उसे भी (अगर हम किसी चीज को अपनी हार की वजाह बना ले तो वो वो गली की ही गल्ती है की उस वक्त से लर्न की वजह हम उसे अपनी कमजोरी बना रहे हैं)। इतनी मुशीबत कम नहीं थी की उसके उससे में एक और मुशिबत आ गई उसके परिवार अब उसे पूरी तरह से छोर दिया पूरी आजादी दे दी की तुम जो करना चाहते हो तुम कर सकता हूं। अगर किसी का जर्मीं बंजार हो जाए और वो थोड़े वक्त के लिए कुछ काम का ना हो लेकिन शायद कभी न कभी वो आगे जकर कहीं न कहीं बहुत ज्यादा काम आएगा तो क्या हम उसे छोड़ देंगे)। में सिर्फ ये कहना चाहता हूं की क्या सच में अगर हमारे साड़ी का कोई अंग खराब हो जाए तो क्या हम उसे काट कर फेक देते हैं।

कापरे, मक्कन, खाना ये सब जरूरी नहीं किसी भी इंसान के लिए, जरूरी है तो ये है कि जिस हालत से वो गुजर रहा है उन हलतो में वो उसके साथ रहे जिनसे वो काफी है प्यार, है लेकिन इंसानियत नाम की चीज ही नहीं बची है लोग मुझे। अब ध्रुव के साथ आयशा होने लगा की वो कोई भी गलत करता है तो उसके घर वाले उसे समझौता नहीं न ही प्यार से बातें करते हैं इतना लगता है की उनकी मार और डेटा से वो सुधार एस जाएगा बचपन का कोई आकार (आकार) नहीं होता और ऐसी कोई सीमा नहीं होती तो उस उम्र में हम किसी भी बच्चे के बचपन को तकलीफ नहीं देना चाहिए)। फिर क्या था बचपन की मार उसके मन में दुसरे के लिए एक ऐसी खट्टा बना रही थी जिस्का हल (समाधान) निकालना काफ़ी मुश्किल था। हमारे एक साल में उसे काफ़ी कुछ किया बहुत सारी बातें खुद के बारे में ऐसी जो वो रोज़ महसूस करता था। लेकिन अभी सही वक्त नहीं है की मैं आपको बता सकता हूं उसके बारी में...

"तनहाई का आलम है
लेकिन खामोशी की वजह नहीं
रास्ते तो बहुत है चलने को (2)
लेकिन मंजिल का कुछ पता नहीं.................
लेकिन दिन का पता नही(2),
नमी तो है इन आँखों में
लेकिन उषे रौकने की वजह नहीं,
मोहब्बत तो हुई है
हमे

भी पर उसे
कहने की अनुमति नहीं

खामोशी तो है मेरी
एन यादियों में
लेकिन ईश दूर करने की
की शराफत न्ही........"

11

कृत्रिम का जोर

मैं अगर किसी चीज की बनावट बरबाद जाए तो वो उसे फिर से पहले जैसा करना काफी मुश्किल होता है, एक साल तो बीट गया और ध्रुव के हलत भी ठीक हो गया लेकिन वो पहले जैसा उसमे कुछ नहीं वो हसी थी और ना ही वो तेज दिमाग। मुझे ये पता की उसने दसरे स्कूल में प्रवेश कब लिया था लेकिन ये बिलकुल पता था की पहले जैसी उसमे अब कोई बात नहीं है कोई उम्मीद नहीं आगे बढ़ने की, जिस खामोसी को हमने बनाया है पूरी वो जहां भी जाता उसके साथ उसके खामोसी चलती और जो लडका अपने स्कूल में हर बार टॉप करता था अब वो फेल करने लगा, पढाई में अब उसे मन पहले जैसा नहीं लगता था न ही पहले (जैसे जैसा) कहु तो बाश वो अपनी जिंदगी से कुछ चाहता ही नहीं था, फिर क्या हुआ वक्त के साथ और भी गिरावत आई उसकी पढाई में, वो सब से पिच होने लगा, टीचर्स उसे क्लास रूम में काम रखता था और बाहर भी बातें नहीं मानता था और उसके परीक्षा में इतने कम नंबर आते थे कि उसके परिवार शर्मिंदगी की वजह से ये बोलती थी की ये हमारी फैमिली से संबंधित ही नहीं करता है, वोलोग मुझे कभी भी उसका परिणाम प्राप्त करने के लिए नहीं (ये भी जाते थे) वजाह बन गे मैं थे उसके लिए एक पीछे बढ़ने के लिए क्योंकि वो जहां आगे बढता कोई न कोई हालत उसके सामने ऐसे आ गए थे जिसके लिए वो और भी पीछे हो जाता था)। जो लडका कभी किसी से लडा (लड़ाई) नहीं था अब वो हर किसी से लडने लगा, जिस लडके ने बचपन में कभी क्लासेस बंक नहीं किया अब वो स्कूल ही बंक करने लगा (वो कहते हैं न वक्त रहते अगर कोई जाखम जाए तो वो आगे जाकर मौत का भी करन बन सकता है)

. केई बार तो ऐसा भी हुआ है की वो आधे रास्ते से ही लौट जाता है और बोलता की स्कूल में आज छुट्टी है लेकिन उसके भाई बहन ये बात नहीं माने और उसे फिर से स्कूल चोर आते हैं। वो ये नहीं जनता था की जिस दिन उसे ये बातें हैं महसूस होगी की वो कितना गलत था उस दिन वो किसी से आंखें नहीं मिला पाएगा (हमारे बचपन की सबसे बड़ी गलत ये है कि हम में ही हम में से कुछ है) लेकिन उससे बहार नहीं निकलना चाहते, और वयस्क या वृद्धावस्था की ये दीकत है कि हम उनकी कहीं बातें अच्छी तरह से सुनते ही नहीं है किसी

और किसी तरह से उस मुश्किबत को जल्द से जल्द से कुछ करने के लिए)।ये किशी फिल्म की स्लोगन लाइन नहीं है मेरी जिंदगी में एक रहश्या है|

"अचानक या हकलाना है
हमेशा खतरनाक
समाधान खोजने के लिए धैर्य रखें
और इंतज़ार करते रहो...........
"

लगातार ये सब झेलने के बाद अब ऐसा भी वक्त आ गया था की टीचर्स की बातें उसे परशान करने लगी थी क्योंकि अब वो ऐसा सोचने लगा था की वो खुद भी कहीं न कहीं गलत जो भी उस में और वहां भी कहीं गलत कर रहा था वो कही ना कहीं खुद है, और अब वो कोसिस करने लगा था और चाहता था की वो पहले जैसा बन जाए और काफ़ी हद तक वो बन भी गया था लेकिन मैंने कहा ही था (हैप्पीनेस कम टाइम बट नॉट नॉट) खुशियां आई तो थी लेकिन ज्यादा वक्त के लिए नहीं, वो कहते हैं ना की अगर आप किशी को अपना रहे हैं तो उसके अच्छे बुरे जो भी बातें हैं या यादें है उन सब को आपने बनाया है। जो उसका अतीत (अतीत) था उसे अभी तक उसका पिच नहीं छोरा था। फिर वही बातें होने लगी (फीस प्रॉब्लम, क्लास सस्पेंडेड एग्जाम में ना बैठने देना और भी बहुत कुछ)। वो हार गया, खुद को अकेला महसूस करने लगा था क्योंकि वो जहां भी जाता उसे सिर्फ शर्मिंदगी का सामना करना भाग था। जहां वो कोचिंग पढ़ता था वहा भी हर बार एक ही चीज होती पैसे की बात, क्लास सस्पेंड। लगातर 5 साल झेलने के बाद वो 10वीं कक्षा में आया जहां उसे बोर्ड परीक्षा दीए और कुछ वक्त बाद उसके परिणाम आए और जिसमे काफ़ी कम नंबर थे (वो पहला ऐसा दिन था जब उसकी आंखों में आसुन थे,

खेद महसूस कर था खुद में ही, गलत मान चुका था खुद को, मानो सब कुछ अंधा हो गया हो आंखों के सामने, उस दिन पूरी रात वो अपने काम से बाहर नहीं गया, सब को पास ले अक्सर क्या गुजर रही थी वो सिर्फ वो खुद ही जनता था, ये भी एक और वजाह बन गई जो उसे आगे जकार काफी तकलीफ देता। उसे अस नाकामी को अपनी मौत की वजाह बना ली थी उसे लगने लगा की बश जिंदगी एटनी तक ही है कुछ भी नहीं (क्योंकि वो हमेशा खुद को याही बोले रहता था की जिंदगी मिला भी एक ही बारा है। हमें एक ही बार मिलता है)। केई बार उसे सुसाइड करने की कोषिश की लेकिन खुदा को उस वक्त ये मंजूर नहीं था। वो अपनी नाकामी को मौत मानता था उसे काफ़ी वक़्त गुज़रे और अबीकार अब उसे कॉलेज लाइफ स्टार्ट हो गई जिसके कारण से वो वक्त की बातों को भूल गया था क्यों जो प्यार के लिए वो बचपन में वाला था , तो रुके क्यों खामोशी बहुत देख ली हमने थोड़ी खुशियां भी देखते हैं क्यों इसलिए उसकी जिंदगी में एक नया मोर (ट्विस्ट) आया ....

"

मे हर वक्त मौत
की गुजरिश करता रहा
लेकिन कम्बख्त कभी आई नहीं
और आज जीने की
वजाह क्या दीखी(2)
उष खुदा ने ही
मेरे जीने की वजह को
मेरी मौत की सिफ़ारिश समझ
ली ...."

12

मेरे जीवन की दवा

मोहब्बत में जितनी हमें खुशी नहीं मिलती उससे ज्यादा गम मिला है लेकिन अगर ये बात ध्रुव को सही वक्त पे पता रहती है तो वो ये गुस्ताखी कभी नहीं करता। ध्रुव को ये लग रहा था कि जितनी भी कुर्बत (नजदीकियाएं) है उन दोनो के बीच वो उसके लिए एक मोहब्बत ही है और कुछ नहीं, कहते हैं ना की एक तरफा प्यार और एक तरफा सौदा है। तो इस मंज़र को आए न बढ़ते हुए सीधे मुड़े पे आता हूं। मुझे नहीं पता था की जिसको वो अपनी पूरी दुनिया मान चुका है अपनी, खुदी की वजह दे चुका है वो उसके पास कभी थी ही नहीं, उस दिन दोनो मिले जिस दिन ध्रुव ने उसे बहुत ज्यादा दोनो था में कुछ उसे यादें थी तो कुछ रिया की और उसके बीच ही ध्रुव ने पहले से ही सोच लिया था कि आज में उसे अपने दिल की बात पक्का बता दूंगा और हा उसे बता भी दी लेकिन वो गली सब नहीं पता था उस वक्त की रिया उससे प्यार नहीं करती है और न कभी कर सकती है। लेकिन क्यों ऐसा जवाब तो आगे चल कर ही मिलेगा लेकिन उससे पहले बातें सुन लेते हैं। (वैसे किसी के राज बताने तो नहीं चाहिए लेकिन ये बताना जरूरी है)।

बातचीत :

"ध्रुव : "मुझे तुम से कुछ कहना है..."
रियाः "क्या?"

ध्रुवः "मैंने कभी किसी के लिए इतना महसूस नहीं किया, मेरा मतलब है
मेरा मतलब है कि तुम्हारे बिना रह नहीं सकता .."
रियाः "लेकिन मैं तुम्हारे साथ ही हूं बुद्धू"

ध्रुवः "हा वो तो है लेकिन यार ये बात नहीं है जो मैं कहना चाहता हूं कुछ
और भी है जो मुझसे तुमसे कहना है .."
रियाः "तो क्या है बोलो ना"

ध्रुव :..........
रिया : "अरे बोल भी दो बुद्धू"

ध्रुव: "मम्मम्म..मुजे तुम से प्यार है और मैं तुम्हारे बिना एक पल भी नहीं रह सकता, क्योंकि जब तुम्हें पहली बार देखा था तो लगा था की उसी वक्त बोल दूं लेकिन न हिम्मत थी और मैं इतना देर बोला लेकिन यार अब नहीं रह सकता तुम्हारे बिना, क्योंकि आज कल हर जग तुम्हारी बातें, तुम्हारा सपने, तुम्हारी वो मुस्कान, तुम्हारी गुसे वाली नजरें और मुझे हर दिन बुद्धू आगे बढ़ने के लिए फोर्स करना ये सब मुझे तेरी तरह खिचते हैं बश यार अब इंतजार नहीं होता अगर एडल्ट होता तो तुझसे अभी शादी कर लेता लेकिन किशोरी हुं न इसलिय का, फिर भी मैं तो मुझसे नहीं चाहता है। आखिरी बात यह है कि की...आई लव यू यार....आपसे बहुत प्रेम हैं"

रियाः (हैरान)

रियाः "ये तुम क्या कह रही हो पागल हो गए हो क्या"

ध्रुव: "क्यूं क्या हुआ यार मैंने तो सिर्फ अपने दिल की बातें तुमसे कही है"

यह रियाः "वही तो यार, मैं भी यही बोल रही हूं, मैं तुझसे कोई प्यार नहीं करता हूं। देखो ध्रुव तुम बहुत अच्छे दोस्त हो मेरा और मैं तुम्हें जान से भी ज्यादा जानता हूं। और पसंद है किसी और के साथ। दुनिया की सबसे बक्वाश और खराब चीज याही है क्योंकि अच्छे खासे रिश्ते में भी आग लगाने का काम करती है ये मोहब्बत। बने ही क्या हो अभी पुरा फ्यूचर है अब तुम्हारा तो कृपया उस गूंगे लड़के पर ध्यान दें..."

ध्रुव: "तो वो नाज़देकियां क्या थी यार, वो तुम्हारा प्यार नहीं था क्या"

रियाः "नहीं यार कुछ भी नहीं था"

ध्रुव: "ओह ..यानी की मैं ही गलत था, मैंने ही सब कुछ गलत समझा, वो तेरा ख्याल करना, दसरी लड़कियों से मुझे डर रखना और हमें जब किसी के पास जाने का क्या होगा जो मुझसे बातें ना करना, क्या ये सर झूठ था... ओहहह सॉरी माई अब समझौता मेरा पास्ट तुझसे अलग कर रहा है, की मैं कैशा था किश हलत में जी रहा था और ये दूसरी कहानी मेरी तो कोई नहीं। मेरे प्यार को ठुकरा रही है..."

रिया रियाः "ये तुम क्या बोल रहे हो ध्रुव, तुम्हें मैं सबसे ज्यादा चाहता हू लेकिन हमसे तरह से नहीं जैसा की तुम अब चाहते हो, तुम जान हो मेरी और मैं तुम्हारे बिना रह भी और नहीं स नहीं है..."

ध्रुव: "बश यार ये नकली (नकली) की सहानुभूति (सहनभूति) मत दिखाओ मेरे सामने, हो खातिर तो क्यों की ये बचपन से झेले आया हूं। अब हिम्मत नहीं है और झेल सकते हैं। आपका समय, आपका अधूरा प्यार, आपकी नकली सहानुभूति और आखिरी चीज टूटा हुआ दिल..

अब याह नहीं रुक सकती, नफरत हो गई है खुद की पहचान से, खुद की बातों से, और तेरी यादों से। माफ करना लेकिन ये आखिर मुलाकत थी अपनी ......"

रिया: "ध्रुव नहीं यार ऐसा मत करो, प्लीज रुक जाओ, मैं तुम्हारी खामोसी की आदत नहीं दाल शक्ति हूं अगर तुम साथ नहीं हो तो मैं भी कभी नहीं जी पाऊंगी, भले ही हमारे बीच मोहब्बत नहीं है लेकिन दोस्ती तो है तो कृपया यार उसके चलते ही। प्लीज मत जाओ, प्लीज मत जाओ.."

ध्रुव : "रोना बंद करो सब देख रहे हैं, और हा अपना ख्याल रखना। अलविदा ख्याल रखना...।"

रिया: "ध्रुव नहीं। कृपया यार मैं भीख माँगता हूँ कि तुम मत जाओ ..... प्लीज प्लीज ध्रुव मत जाओ यार, आई एम सॉरी यार .. प्लीज़ .."

हुन, गजब की बात है ना लोग किसी की देखभाल को किसी की नजरें (क्लोजनी) का पता नहीं किस तरह से मोहब्बत का नाम दे देते हैं, और ये कैसी मोहब्बत है यार जहां एक की डाली तो सुन में उसकी एक बात भी नहीं... "

उस दिन के बाद ध्रुव का एन सब चीजो से नाता टूट गया था और जो बातें वो भूल चूका था अब वो फिर से सताने लगी, और इस बार उन बातों और उसे पुरानी यादों ने ऐसा मैं यहां लाया हूं। काफ़ी मुश्किल है.. उन सब चीज़ के बाद रिया ने उसे काफ़ी कॉल किया संदेश किए गए ध्रुव ने कोई जवाब नहीं दिया वो चाहता था की बश वो कहीं ऐसी जागा चल उसके साथ उसे और सिरफ। और उसे वही किया भी वो बिना बता अपने घरवालो को चोरकर चला गया। (इस्के बाद काफ़ी लोग धुंडने में लगे रिया भी उस वक्त ध्रुव के परिवार के साथ ही थी, सब को रो कर भूरा हाल हुआ था क्योंकि ध्रुव का कॉल अगम्य बता रहा था) ऐसे ही काफ़ी करता है। उसके बाद सबको ये लगा की अब ध्रुव एस दुनिया में नहीं है वो हम चोर कर चला गया है। (सबसे ज्यादा खराब हलत ध्रुव की मां बाप की थी क्योंकि वो ये सुन्ना ही नहीं चाहते थे कि उनका बेटा उनके पास नहीं है.(ह्यूमैनिटी, उसकी मासूमियत, उसका बिहेवियर, उसका किसी के साथ दयालुता होना और बहुत कुछ)। जब वो आया था सबको खबर मिली सब उसे देखने आए और वह रिया भी थी। मैं ध्रुव ये नहीं चाहता था कि वो उन सब से मिले इसलिय उसे खुद को एक कामरे में बंद कर लिया था, इंतजार करते करते सब काफ़ी डर तक रुके फिर साम होने के बाद वो भी वही वही से फिर साम होने के बाद वो भी वही वहा से उसी बहुत समाधान की कोशिश की बहुत मनाने की कोशिश की और ये भी बोला की मैं तुम्हारे साथ रिश्ते में आने के लिए तयार हूं, लेकिन कृपया यार एक यार अपना सकल दिखाया दे बुद्धू। प्लीज यार अगर ऐसी मैं वजाह हूं तो मैं कभी नहीं आऊंगी लेकिन खुद को इस तरह चोट लगी मत कर, प्लीज। (इस्के बड़ उसे बहुत कुछ बोला उसके परिवार ने उसे बहुत कुछ बोला लेकिन वो उस कामरे के बहार आना ही नहीं चाहता था, उसके बाद के दिन बीते लेकिन उसके

हलत थे न वो खुद)। एन सब के बाद उसे के लिए गलत काम किया जैसा कि (कई लड़कों से चक्कर हुए, कायो के दिल के साथ खेला भी और जो रिया ने उसके साथ किया था अब वही वही चीज किसी और के साथ कर रहा है) शराब (दारू) की बोतल बेची (बेचने) करना शुरू कर दिया और के बार इस्के वजाह से उसे पुलिस स्टेशन भी जाना पारा)। इन सब के बवजूद ध्रुव के पापा ने ध्रुव को घर से बहार निकल दिया और ध्रुव वो सेहर वो यादें चोर कर उसका पहला प्यार चोर, सब कुछ चोर चला गया (उसके बाद ऐसा क्या हुआ है) और क्यूं मैं उसे अपना हीरो बुलाता हूं, और क्यों रिया जो उसे सच में प्यार करता था उसे उस वक्त मन क्यों कर दिया क्या था, और क्यों नहीं है इस दुनिया में ये आपको तो आएंगे)।

"तबतक के लिए अगले भाग का इंतजार करे ......
मेरे ख़्वाब की तबीर नहीं
लेकिन उसी के नफ्ज की आवाज है
और इब्तिदा की थी खुदा
को बदलते कि
लेकिन उश वक्त मेरी इब्तिदा
भी मेरे ख़्वाब की तराही
उष हयात की गुलाम थी....
तिशांगी तो मुझे मोहब्बत की थी
लेकिन बदले में तनहाई का आलम मिला
और रकीब की थी वक्त रहते निकल जाउंगा
लेकिन कम्बख्त उसकी तबस्सुम नेय
मेरे इस दिल को फन्ना किया...
"

पिछली सवारी

हम एक दिन में केई चीज देखते हैं के सारे इमोशन्स को झेलते हैं लेकिन कभी हमें चीज पे ध्यान नहीं देते क्योंकि आज कल हम आगे बढ़ने के लिए सब कुछ पीछे चोर देते हैं (जैसी की, किसी की प्यार की भावनाएं करना, और ऐसी बहुत सारी चीज है) बचपन सबसे अच्छा उमर होता की हम सही रहो पे चले और उसे आगे भी कायम रखा और वो कहते हैं ना की सुरत अगर अच्छी नहीं हो तो ये भरोसा हो जाता है कि उसके आगे भी कुछ अच्छा है। ध्रुव का ही परिवार नहीं है जो एन सब चीजो से गुजरा है और भी ऐसे के सारे परिवार है जो न चाहते हुए भी खुद के बच्चों के सपने और उम्मीद को छने पे मजबूर है और उसकी वजाफ पैसा ही है क्या है। हम इंसानियत की बातें तो रोज करते हैं लेकिन हम बात करते हैं अमल करना कभी नहीं हो पाता है। हमारा देश इस्लिये गरीब नहीं है की हमारे पास पैसे नहीं है ये रोजगार है, क्योंकि ये तो मुड्डा ही नहीं है। बागवान ने इंसान को बनाया ये सोच कर की हम एस्से बेहतर चीज नहीं बना सकते क्योंकि अगर बनाने होते तो वो के सारे जानवारो को, जीव जनता को भी इंसान बना सकते थे तो उनमें भी। हमारी इंसानियत टैब दिखी है जब कोई मर रहा हो, किसान बरबाद हो रहे हो या रेप्स हो रहे हैं या किसी पर कोई जुर्म हो रहा हो रहा है। क्यूं ऐसा क्यूं? क्या दो पन्नो के लेख लिख कर ये उन हलतो को टेलीकास्ट कर के इंसानियत दिख जाती है। हम सबको ये भी नहीं पता होगा की साल 2019 में मानसिक बीमारी की वजह से 90000 युवा वयस्कों के लिए मर चुके हैं और वजाह क्या थी कोई नहीं जनता, क्यों जाने हमें तो आगे बढ़ना है तो पैसे कमाने है। क्या करोगे एन पैसो का जब उससे इंसानियत ही नहीं रहेगी। अरे एन्सानियत तो चोरो आपके बच्चे ही जब नहीं रहेंगे तो क्या करोगे। आज कल किसी के उमर से भी बड़ा पैसा है, अगर जो बाते ध्रुव के साथ हो रही थी अगर उसे साधरण (आम) न मनके सब गंभीर ले तो वो ऐसा कभी नहीं मानता। माई सिरफ ये गुजारिश करता हूं की अगर आप बड़े हो स्थिति में,

पैसे में तो यार जो आपके नीचे है आप उसे मदद क्यों नहीं करते क्यों उसे अपने साथ नहीं रखते। ओह हा में तो भूल ही गया की जाति, धर्म, मध्यम वर्ग, गरीब, अमीर ये भी तो जर है हम सबके व्यक्तित्व को पीछे करने का। तो फिर आप ये मत कहो ना की मैं हूं एक भारतीय क्यों की भारत तो एकता के लिए जाना जाता है और जो की हम में तो है ही नहीं तो फिर क्यूं बोले हो..

"वक्त मजबूर है

इंसान नहीं..."

क्यूंकी उसे हम बदल नहीं सकते लेकिन खुद को तो बदल सकते हैं ना तो फिर ऐसा क्यों ???? अपने इन्सान होने का फ़र्ज़ निभा करो और इंसानियत को बचाओ जो कहीं इन सब की भीर में खो गई है कहीं।

रूह की कोई आवाज़ नहीं होती
उसके सारे के बिना
उशी तारह एन्सान की कोई
पहचान नहीं होती इंसानियत के बीना ......

अंतिम यात्रा

जिंदगी कोई ख्वाब नहीं है, एक सफर है एक आयशा सफर जिस्की हर एक हकीकत किशी दर्द से होकर गुजरती है मेरे उनसे में पर सैयद में उनके कबील नहीं हूं अपने ईश सफर में जो हर रोज महसूस कर रहा हूं,हो सकता है मुझे ईश जिंदगी की चाहत थी ही नहीं, प्रति इतना जरूर मलूम था की एक दिन तो सयाद किशी किनारे में इस्के महत्व को जनुगा ये सिर्फ एक कहानी नहीं मेरी हकीकत है सिर्फ मेरी ही नहीं उन सब की भी जो मेरे जैसे है ,काशा लौट जाउं फिर उस मोहल्ले में जहां से मेरी हर एक शाम मुझे अपनी तबूसम की याद दिलाती है,और अगर इत्तिफाक से न लौट पाउँ तो खुद से ही एक गुजरिश है की बश खुद को संभल लूं क्योंकि उम्र जिंदगी बहुत तकलीफ भरी होने वाली है |